TEORIA DA VINCULAÇÃO A PRECEDENTES CONSTITUCIONAIS E A ABSTRATIVIZAÇÃO DO CONTROLE DE CONSTITUCIONALIDADE INCIDENTAL NAS ADIS 3406/RJ E 3470/RJ

Elisa Cardoso Batista

TEORIA DA VINCULAÇÃO A PRECEDENTES CONSTITUCIONAIS E A ABSTRATIVIZAÇÃO DO CONTROLE DE CONSTITUCIONALIDADE INCIDENTAL NAS ADIS 3406/RJ E 3470/RJ

1ª Edição
Goiânia

ANGELIA
EDITORA

2024

Batista, Elisa Cardoso
   Teoria da vinculação a precedentes constitucionais e a abstrativização do controle de constitucionalidade incidental nas ADIS 3406/RJ e 3470/RJ / Elisa Cardoso Batista. -- 1. ed. -- Goiânia, GO : Angelia Editora, 2024.

57 p.

Bibliografia.
ISBN 978-65-83134-30-1

1. Direito constitucional - Brasil   2.Constitucionalismo 3. Precedentes (Direito) 4. Precedentes judiciais - Brasil I. Título.

24-238174   CDD-340.11

Índices para catálogo sistemático:

1. Precedentes : Direito   340.11

Aline Graziele Benitez - Bibliotecária - CRB-1/3129

SUMÁRIO

INTRODUÇÃO

No final do ano de 2017, houve o julgamento das ADI 3406/RJ e ADI 3470/RJ. Nesse julgamento, a Corte Suprema Brasileira entendeu que a declaração incidental de inconstitucionalidade da lei federal referente ao uso do Amianto deveria ter efeito vinculante e *erga omnes*.

Os questionamentos acerca da constitucionalidade da abstrativização das decisões proferidas no âmbito do controle incidental de constitucionalidade, bem como qual o resultado prático esta terá dentro do ordenamento jurídico brasileiro, é algo de importância crucial para o jurista contemporâneo, tendo em vista a importância cada vez maior da jurisprudência como fonte de Direito.

Não se pode deixar de ressaltar, em um segundo plano, que a utilização dos precedentes no Brasil é matéria recente e que ganha cada vez mais relevo nesse cenário, pois, se há algum tempo, considerar a influência da Teoria dos Precedentes no direito brasileiro seria considerado uma tarefa diletante de um mero complemento da dogmática jurídica nacional, ou como uma curiosidade advinda da classe intelectual mais culta, transformou-se, hoje em dia, em uma necessidade, em algo naturalmente imprescindível.

Ademais, a relevância do tema pode ser verificada a partir dos questionamentos advindos da constitucionalidade do papel do Senado Federal em apenas dar publicidade ao previamente decidido pelo Supremo Tribunal Federal, quando o texto constitucional prevê, expressamente, que as decisões da Corte, em controle incidental, dependem da manifestação do Senado para a aquisição de efeitos *erga omnes*.

Nesse contexto, apresenta-se particularmente importante o constante confrontar-se do intérprete constitucional com as outras realidades (principalmente decorrentes de Países do *common law*, os quais desenvolveram a Teoria dos Precedentes), considerando que as situações jurídicas pelas quais o ordenamento jurídico brasileiro tem passado cada vez mais necessitam de soluções decorrentes da obrigatoriedade da observância das decisões judiciais da Corte Suprema que interpretam o texto constitucional e buscam dar maior eficiência no provimento jurisdicional buscado.

Ademais, novas questões surgem a partir do estudo da abstrativização do controle incidental do Supremo Tribunal Federal, como, por exemplo, se a decisão da Corte Suprema obriga o juiz de primeira instância.

Diante do exposto, o presente estudo busca esclarecer questões referentes à história do controle de constitucionalidade no Brasil; à evolução do processo de assimilação dos efeitos da decisão abstrata pela decisão incidental; à influência da força do precedente introduzida pelo Código de Processo Civil de 2015 no julgamento das ADIS 3406/RJ e 3470/RJ e a força do precedente depois do CPC 2015.

1. O HISTÓRICO DO CONTROLE DE CONSTITUCIONALIDADE NO BRASIL

A ideia do controle de constitucionalidade realizado pelo Poder Judiciário visa amparar a ordem e a unidade do ordenamento jurídico. Assim, preconiza-se a harmonia de todo o sistema e, diante do possível ataque a este equilíbrio, são utilizados mecanismos de correção a fim de que haja a compatibilidade das leis e atos normativos ao texto constitucional.[1]

Com isso, a declaração de inconstitucionalidade consiste "[...] no reconhecimento da invalidade de uma norma e tem por fim paralisar sua eficácia"[2] diante do contraste desta com o ordenamento jurídico.

O controle de constitucionalidade pressupõe a supremacia e a rigidez do texto constitucional. O Ministro Barroso dispõe que essas premissas são necessárias à existência do controle pelos seguintes motivos:

> Duas premissas são normalmente identificadas como necessárias à existência do controle de constitucionalidade: a supremacia e a rigidez

---

[1] BARROSO, Luís Roberto. **O Controle de Constitucionalidade no Direito Brasileiro: Exposição Sistemática da Doutrina e Análise Crítica da Jurisprudência.** São Paulo: Editora Saraiva, 2012, p. 58.

[2] BARROSO, Luís Roberto. **O Controle de Constitucionalidade no Direito Brasileiro: Exposição Sistemática da Doutrina e Análise Crítica da Jurisprudência.** São Paulo: Editora Saraiva, 2012, p. 59.

constitucionais. A *supremacia da Constituição* revela sua posição hierárquica mais elevada dentro do sistema, que se estrutura de forma escalonada, em diferentes níveis. É ela o fundamento de validade de todas as demais normas. Por força dessa supremacia, nenhuma lei ou ato normativo — na verdade, nenhum ato jurídico — poderá subsistir validamente se estiver em desconformidade com a Constituição.

A *rigidez constitucional* é igualmente pressuposto do controle. Para que possa figurar como parâmetro, como paradigma de validade de outros atos normativos, a norma constitucional precisa ter um processo de elaboração diverso e mais complexo do que aquele apto a gerar normas infraconstitucionais.

Se assim não fosse, inexistiria distinção formal entre a espécie normativa objeto de controle e aquela em face da qual se dá o controle. Se as leis infraconstitucionais fossem criadas da mesma maneira que as normas constitucionais, em caso de contrariedade ocorreria a revogação do ato anterior e não a inconstitucionalidade.[3]

Se a constituição não for suprema a fim de que seja escalonadamente superior às demais normas e rígida a fim de que configure um paradigma de validade de outros atos normativos, não será possível a realização do controle de constitucionalidade, visto que o texto

---

[3] BARROSO, Luís Roberto. **O Controle de Constitucionalidade no Direito Brasileiro: Exposição Sistemática da Doutrina e Análise Crítica da Jurisprudência.** São Paulo: Editora Saraiva, 2012, p. 62.

constitucional se igualaria às demais normas do sistema jurídico.

O controle de constitucionalidade expressa a própria força normativa da Constituição, uma vez que a supremacia do texto constitucional se irradia sobre toda a sociedade. Dito isso, há uma regulação de toda a produção das leis a partir dos balizamentos extraídos do texto constitucional. A afronta a qualquer mandamento da Constituição deflagra, por si só, o controle de constitucionalidade.[4]

O controle de constitucionalidade não existia no regime imperial. Este foi introduzido junto com a República, especialmente na Constituição de 1891. Contudo, nesta Carta, o papel de controlar as leis era incumbência das justiças da União e dos Estados. Essa sistemática era baseada no modelo americano. Pode-se afirmar que este modelo persistiu até a Constituição Federal de 1988.[5]

Quando se estuda a evolução histórica do controle de constitucionalidade, pode-se observar que há uma espécie de controle extremamente relevante para o direito brasileiro: a representação interventiva. Ainda presente na Constituição Federal de 1988, a representação foi introduzida com a Constituição de 1934. Em relação ao

---

[4] BARROSO, Luís Roberto. **O Controle de Constitucionalidade no Direito Brasileiro: Exposição Sistemática da Doutrina e Análise Crítica da Jurisprudência.** São Paulo: Editora Saraiva, 2012, p. 91.

[5] BARROSO, Luís Roberto. **O Controle de Constitucionalidade no Direito Brasileiro: Exposição Sistemática da Doutrina e Análise Crítica da Jurisprudência.** São Paulo: Editora Saraiva, 2012, p. 236.

papel da representação interventiva, assim dispõe o Ministro Barroso:

> Com a Constituição de 1934 foi introduzido um caso específico de controle por via principal e concentrado, de competência do Supremo Tribunal Federal: a denominada representação interventiva. A lei que decretasse a intervenção federal por violação de um dos princípios constitucionais de observância obrigatória pelos Estados-membros (os denominados princípios constitucionais *sensíveis*, constantes do art. 7º da Carta) precisava ser previamente submetida à mais alta corte, mediante provocação do Procurador-Geral da República, para que fosse declarada sua constitucionalidade.
> No tocante ao controle incidental e difuso, a Constituição de 1934 passou a exigir o voto da maioria absoluta dos membros dos tribunais e previu a suspensão pelo Senado Federal da lei ou ato declarado Inconstitucional. [6]

Insta salientar que a ação interventiva ainda se mantém no ordenamento jurídico, contudo, esta é mecanismo de fiscalização concreta de constitucionalidade. Ainda que seja analisada pelo Supremo Tribunal Federal e ocorra em sede de ação

---

[6] BARROSO, Luís Roberto. **O Controle de Constitucionalidade no Direito Brasileiro: Exposição Sistemática da Doutrina e Análise Crítica da Jurisprudência.** São Paulo: Editora Saraiva, 2012, p. 238.

direta, a sua função é a de solucionar um "problema federativo".[7]

O Supremo Tribunal Federal somente passou a ter a competência para declarar a inconstitucionalidade de lei ou ato normativo federal a partir do ano de 1946, ainda sob o regime militar, em que houve a previsão da *ação genérica de inconstitucionalidade*. Com essa ação, passava-se à Corte Suprema a competência para declarar lei ou ato federal inconstitucional a partir da representação de inconstitucionalidade, cuja competência exclusiva para apresentação era do Procurador Geral da República.[8]

Essa mudança ocorrida no direito brasileiro, no ano de 1946 com a ação genérica de inconstitucionalidade, foi extremamente significativa no sentido de que, pela primeira vez, introduziu-se um modelo de controle similar ao que ocorria na Europa, qual seja: o controle seria realizado, também, por uma Corte Especial e de maneira abstrata. [9]

A Constituição de 1988 manteve o sistema híbrido de constitucionalidade, vigente desde o início da República. Com isso, coexistem os controles por via

---

[7] BARROSO, Luís Roberto. **O Controle de Constitucionalidade no Direito Brasileiro: Exposição Sistemática da Doutrina e Análise Crítica da Jurisprudência.** São Paulo: Editora Saraiva, 2012, p. 250.

[8] BARROSO, Luís Roberto. **O Controle de Constitucionalidade no Direito Brasileiro: Exposição Sistemática da Doutrina e Análise Crítica da Jurisprudência.** São Paulo: Editora Saraiva, 2012, p. 239.[8]

[9] BARROSO, Luís Roberto. **O Controle de Constitucionalidade no Direito Brasileiro: Exposição Sistemática da Doutrina e Análise Crítica da Jurisprudência.** São Paulo: Editora Saraiva, 2012, p. 240.[9]

incidental e difuso (típico do direito americano), bem como o principal e concentrado (implementado pela EC 16 de 1965, típico do sistema continental europeu).[10]

Ainda que a Constituição Federal de 1988 tenha mantido um sistema híbrido, ela trouxe um conjunto amplo de inovações, quais sejam:

> a) a ampliação da legitimação ativa para propositura de ação direta de inconstitucionalidade (art. 103);
> b) a introdução de mecanismos de controle da inconstitucionalidade por omissão, como a ação direta com esse objeto (art. 103, § 2º) e o mandado de injunção (art. 5º, LXXI);
> c) a recriação da ação direta de inconstitucionalidade em âmbito estadual, referida como representação de inconstitucionalidade (art. 125, § 2º);
> d) a previsão de um mecanismo de arguição de descumprimento de preceito fundamental (art. 102, § 1º);
> e) a limitação do recurso extraordinário às questões constitucionais (art. 102, III).[11]

---

[10] BARROSO, Luís Roberto. **O Controle de Constitucionalidade no Direito Brasileiro: Exposição Sistemática da Doutrina e Análise Crítica da Jurisprudência.** São Paulo: Editora Saraiva, 2012, p. 242.
[11] BARROSO, Luís Roberto. **O Controle de Constitucionalidade no Direito Brasileiro: Exposição Sistemática da Doutrina e Análise Crítica da Jurisprudência.** São Paulo: Editora Saraiva, 2012, p. 244.

O controle concentrado é aquele que é considerado principal, realizado mediante ação direta de constitucionalidade, cuja competência para julgamento é exclusiva do Supremo Tribunal Federal, conforme disposto no artigo 102 da Constituição Federal.[12]

Esse controle pode ocorrer por diversos meios, quais sejam:

a) ação direta de inconstitucionalidade (genérica) (art. 102, I, *a*);
b) ação direta de inconstitucionalidade por omissão (art. 103, § 2º);
c) ação declaratória de constitucionalidade (art. 102, I, *a*);
d) ação direta interventiva (art. 36, III);
e) arguição de descumprimento de preceito fundamental (art. 102, §1º).[13]

Conforme disposto no art. 103 da Constituição Federal[14], os legitimados para propositura da ação de controle principal são os seguintes: Presidente da

---

[12] BARROSO, Luís Roberto. **O Controle de Constitucionalidade no Direito Brasileiro: Exposição Sistemática da Doutrina e Análise Crítica da Jurisprudência.** São Paulo: Editora Saraiva, 2012, p. 251.
[13] BARROSO, Luís Roberto. **O Controle de Constitucionalidade no Direito Brasileiro: Exposição Sistemática da Doutrina e Análise Crítica da Jurisprudência.** São Paulo: Editora Saraiva, 2012, p. 251.
[14] BRASIL. **Constituição (1998). Constituição da República Federativa do Brasil**: promulgada em 5 de outubro de 1998. Disponível em: <http://www.planalto.gov.br/ccivil_03/constituicao/constituicaocompilado.ht m.>. Acesso em 03 de nov de 2020.

República; Mesas da Câmara dos Deputados, Senado Federal e das Assembleias Legislativas; o Governador de Estado; o Procurador-Geral da República; o Conselho Federal da OAB e a Confederação Sindical ou entidade de classe de âmbito nacional.

O controle concentrado não ocorre apenas no âmbito do Supremo Tribunal Federal. Este também pode ser realizado no âmbito dos Tribunais de Justiça. Assim, pode-se concluir que o controle principal e concentrado abrange duas hipóteses distintas de exercício:

> a) perante o Supremo Tribunal Federal, quando se tratar de ação direta de inconstitucionalidade de lei ou ato normativo *federal* ou *estadual* em face da Constituição Federal — e, já agora, também da ação direta de constitucionalidade, instituída pela EC n. 3/93 (art. 102, I;
> b) perante o Tribunal de Justiça do Estado, quando se tratar de representação de inconstitucionalidade de leis ou atos normativos *estaduais* ou *municipais* em face da Constituição estadual (art. 125, § 2º).[15]

Além desse controle abstrato e principal, há, no Brasil, o controle de constitucionalidade incidental. Este controle é exercido por todos os juízes e tribunais no exercício de suas funções, inclusive pelo próprio Supremo Tribunal Federal.

---

[15] BARROSO, Luís Roberto. **O Controle de Constitucionalidade no Direito Brasileiro: Exposição Sistemática da Doutrina e Análise Crítica da Jurisprudência.** São Paulo: Editora Saraiva, 2012, p. 245.

A principal diferença em relação ao controle incidental e concentrado realizado pelo Supremo Tribunal Federal é justamente a eficácia da decisão: quando o controle é incidental, diferentemente do que ocorre com o controle principal, os efeitos são *inter partes* e, para que haja eficácia *erga omnes*, deve haver, conforme disposto constitucionalmente, a atuação do Senado Federal no sentido de estender os efeitos para além das partes envolvidas no processo. Veja:

> "Art. 52. Compete privativamente ao Senado Federal:
> X – Suspender a execução, no todo ou em parte, de lei declarada inconstitucional por decisão definitiva do Supremo Tribunal Federal"[16]

Ocorre que, há uma tendência, no direito brasileiro, de valorização do papel do Supremo Tribunal Federal. Inicialmente, diante da ampliação dos legitimados para a propositura da ação direta de inconstitucionalidade a partir da Constituição Federal de 1988, houve uma significativa redução da própria função do controle difuso

---

[16] BRASIL. Constituição (1998). **Constituição da República Federativa do Brasil:** promulgada em 5 de outubro de 1998. Disponível em: <http://www.planalto.gov.br/ccivil_03/constituicao/constituicaocompilado.htm.>. Acesso em 03 de nov de 2020.

pelo alargamento das possíveis controvérsias a serem submetidas à análise da Suprema Corte Brasileira.[17]

Deve-se levar em conta, também, que a simples outorga de atribuições a um tribunal especial para decidir questões constitucionais gera uma consequente limitação, ainda que implícita, da atuação jurisdicional ordinária. Em relação à essa limitação, o Ministro Gilmar Mendes dispõe o seguinte:

> Convém assinalar que, tal como já observado por Anschutz ainda no regime de Weimar, toda vez que se outorga a um tribunal especial atribuição para decidir questões constitucionais, limita-se, explícita ou implicitamente, a competência da jurisdição ordinária para apreciar tais controvérsias.
> Portanto, parece quase intuitivo que, ao ampliar de forma significativa o círculo de entes e órgãos legitimados a provocar o Supremo Tribunal Federal, no processo de controle abstrato de normas, acabou o constituinte por restringir, de maneira radical, a amplitude do controle difuso de constitucionalidade.[18]

Se a própria ampliação dos legitimados para propor ação direta de inconstitucionalidade no âmbito do

---

[17] MENDES, Gilmar Ferreira. **Moreira Alves e o Controle de Constitucionalidade no Brasil.** São Paulo: Editora Celso Bastos, 2000, p. 15.
[18] MENDES, Gilmar Ferreira. **Moreira Alves e o Controle de Constitucionalidade no Brasil.** São Paulo: Editora Celso Bastos, 2000, p. 15.

Supremo Tribunal Federal já restringiu a atuação das cortes ordinárias, o desenvolvimento de um Sistema de Vinculação a Precedentes Judiciais limita, ainda mais, a atuação dos juízes de primeira instância.

Isso decorre do fato de que as decisões decorrentes do controle concentrado pelo STF já possuem eficácia erga omnes e efeito vinculante por si só. Conferir essa mesma eficácia a toda e qualquer decisão decorrente do controle difuso realizado pelo Supremo ampliará, consideravelmente, o papel da Corte na formação dos precedentes do direito brasileiro.

De mais a mais, outras mudanças ocorridas no âmbito do controle de constitucionalidade, especialmente pelas próprias modificações ocorridas no texto constitucional, coadunam a ideia de que há uma ampliação constante no papel do Supremo Tribunal Federal no sistema jurídico nacional.

Para tanto, observa-se o seguinte: a representação de constitucionalidade, prevista na Constituição de 1967, possuía a única função de buscar a defesa da ordem fundamental contra atos com ela incompatíveis. Ou seja, estava completamente afastada das questões pessoais e subjetivas, mas ligava-se, sim, à defesa da ordem jurídica.[19]

Além disso, a própria eficácia da decisão proferida na declaração interventiva era diferente da existente no

---

[19] MENDES, Gilmar Ferreira. **Moreira Alves e o Controle de Constitucionalidade no Brasil.** São Paulo: Editora Celso Bastos, 2000, p. 17.

controle de constitucionalidade brasileiro presente na Constituição de 1988, veja-se:

> Evidentemente, a declaração de inconstitucionalidade proferida na representação interventiva não era dotada dessa eficácia genérica. Tanto é assim que, mesmo sob o regime constitucional de 1946, previa-se a *suspensão de execução do ato arguido de inconstitucionalidade,* se essa medida se afigurasse suficiente para o restabelecimento da normalidade do Estado (CF de 1946, art. 13)[20]

Já na Carta Magna, o contexto do controle não se restringe à defesa da ordem jurídica. Houve uma ampliação das próprias hipóteses de cabimento deste pela Constituição Federal de 1988. Ademais, as decisões possuem eficácia *erg omnes* e efeito vinculante por si só.

Assim, antes mesmo da tendência de "abstrativização do controle difuso pelo Supremo Tribunal Federal", deve-se salientar que há um nítido movimento de alargamento da jurisdição constitucional abstrata e concentrada desde a Constituição Federal de 1988, uma vez que houve uma grande evolução do sistema de controle no sentido de aumentar o número de legitimados para ajuizamento da ação direta, bem como a ampliação

---

[20] MENDES, Gilmar Ferreira. **Moreira Alves e o Controle de Constitucionalidade no Brasil.** São Paulo: Editora Celso Bastos, 2000, p. 20.

dos efeitos da decisão proferida no controle concentrado [21]

Este, portanto, é o panorama do modelo brasileiro de fiscalização da inconstitucionalidade a partir da atuação dos órgãos do Poder Judiciário, de análise imprescindível para que se compreenda os desafios decorrentes da abstrativização do controle de constitucionalidade incidental pelo Supremo Tribunal Federal.

---

[21] BARROSO, Luís Roberto. **O Controle de Constitucionalidade no Direito Brasileiro: Exposição Sistemática da Doutrina e Análise Crítica da Jurisprudência.** São Paulo: Editora Saraiva, 2012, p. 246.

2. A EVOLUÇÃO DO PROCESSO DE ASSIMILAÇÃO DOS EFEITOS DA DECISÃO ABSTRATA PELA DECISÃO INCIDENTAL A PARTIR DO JULGAMENTO DA RECLAMAÇÃO 4335/AC

O julgamento da Reclamação de 4335 pelo Supremo Tribunal Federal esclareceu a evolução do controle incidental de constitucionalidade realizado pela Corte. A reclamação foi da relatoria do Ministro Gilmar Mendes, mas o voto-vista do Ministro Teori Zavascki explanou todo o processo de valorização do precedente no direito brasileiro.[22]

No julgamento da referida reclamação, a Defensoria Pública do Estado do Acre alegou o descumprimento da decisão do Supremo no HC 82.959, da relatoria do Ministro Marco Aurélio, no qual Corte afastou a vedação de progressão de regime aos condenados pela prática de crimes hediondos, ao considerar inconstitucional o artigo 2 º, § 1º, da Lei n. 8.072/1990 ("Lei dos Crimes Hediondos"). [23]

---

[22] Supremo Tribunal Federal. **Rcl 4.335,** Rel. Min. Gilmar Mendes, j. 20/03/2014, Pleno, DJ de 21-10-2014.Disponível em:
http://redir.stf.jus.br/paginadorpub/paginador.jsp?docTP=AC&docID=630101
. Acesso em 26 de novembro de 2020.
[23] Supremo Tribunal Federal. **Rcl 4.335,** Rel. Min. Gilmar Mendes, j. 20/03/2014, Pleno, DJ de 21-10-2014.Disponível em:
http://redir.stf.jus.br/paginadorpub/paginador.jsp?docTP=AC&docID=630101
. Acesso em 26 de novembro de 2020.

Com o voto-vista do Ministro Teori Zavascki, houve uma demonstração do cenário que atualmente se encontra a valorização dos precedentes dos tribunais superiores brasileiros. O Ministro deixou claro que o movimento em direção à atribuição da eficácia erga omnes às decisões em controle incidental do Supremo Tribunal Federal decorrem, diretamente, do panorama que ilustra a inequívoca força vinculante das decisões decorrentes dos Tribunais.[24]

A fim de corroborar a fundamentação de que o Brasil se encontra em um momento de aproximação do sistema *common law,* em que se valoriza a força vinculante dos precedentes, o voto-vista trouxe um panorama histórico do desenvolvimento da subordinação às decisões dos Tribunais. Veja-se:

> O movimento em direção à força subordinante dos precedentes (não apenas dos sumulados, mas também dos demais) foi acelerado com as reformas do Código de Processo Civil ocorridas a partir de 1994. A nova redação do art. 557 e de seus parágrafos autorizou o relator, nos tribunais, a, individualmente, negar seguimento a recursos, quando a decisão recorrida estiver adequada às súmulas ou à jurisprudência dominante do respectivo tribunal ou dos tribunais superiores; e a

---

[24] Supremo Tribunal Federal. **Rcl 4.335,** Rel. Min. Gilmar Mendes, j. 20/03/2014, Pleno, DJ de 21-10-2014.Disponível em: http://redir.stf.jus.br/paginadorpub/paginador.jsp?docTP=AC&docID=630101 . Acesso em 26 de novembro de 2020.

dar-lhes provimento, quando a decisão recorrida estiver em confronto com súmula ou jurisprudência dominante dos tribunais superiores. Pelo art. 544, §§ 3.º e 4.º do CPC, foi atribuída competência ao relator de agravo de instrumento em recurso especial e em recurso extraordinário para, desde logo, invocando jurisprudência ou súmula do STJ ou STF, conhecer do agravo e prover o próprio recurso especial ou o próprio recurso extraordinário. O parágrafo único do art. 481 instituiu o sistema de vinculação dos órgãos fracionários dos Tribunais aos seus próprios precedentes e, quando houver, aos do STF, nos incidentes de inconstitucionalidade. Em 1998, o parágrafo único do art. 120 do CPC trouxe autorização para o relator decidir de plano conflito de competência quando há "jurisprudência dominante do tribunal sobre a questão suscitada". Em 2001, o art. 475, § 3.º, do CPC, dispensou o reexame necessário das sentenças que adotam jurisprudência do plenário do STF ou súmula do tribunal superior competente. Na mesma época, o art. 741, parágrafo único, passou a atribuir a decisões do STF sobre a inconstitucionalidade de normas, mesmo em controle difuso, a eficácia de inibir a execução de sentenças a ele contrárias (verdadeira eficácia rescisória), o que foi reafirmado em 2005, pelo art. 475-L, § 1.º, do CPC. Em 2006, o art. 518, § 1.º, do CPC passou a considerar descabida a apelação contra sentenças proferidas com base em súmulas do STF ou do STJ (típica consagração da súmula impeditiva de recurso). No mesmo ano, os arts. 543-A e 543-B do CPC, ao disciplinarem a "repercussão geral" para efeito de conhecimento de recursos extraordinários (art. 102, § 3.º, da CRFB/1988), reafirmaram notavelmente e deram sentido prático à força dos precedentes do STF. Em 2008, foi editada a Lei 11.672/2008, que acrescentou o art. 543-C ao CPC, instituindo, para recursos especiais repetitivos, um sistema de julgamento semelhante ao da repercussão geral. O sistema não apenas confere especial força expansiva aos precedentes do STF e do STJ, mas também institui fórmulas procedimentais para tornar concreta e objetiva a sua aplicação aos casos pendentes de julgamento.[25]

Com isso, o Ministro demonstra que a tendência de abstrativização das decisões em controle incidental do Supremo Tribunal Federal decorre de um movimento de valorização das decisões judiciais, o qual ocorre há aproximadamente trinta anos no Brasil. Contudo, a eficácia *erga omnes* decorrente dessas decisões ainda é objeto de uma importante controvérsia doutrinária.

O Ministro Teori esclareceu, também, que a resolução do Senado não é a única forma de ampliação da eficácia subjetiva das decisões do Supremo Tribunal Federal. Ocorreram significativas alterações no texto constitucional a fim de garantir força vinculante a outras decisões do Supremo e que as decisões que declaram inconstitucionalidade de normas, especificamente no

---

[25] Supremo Tribunal Federal. **Rcl 4.335,** Rel. Min. Gilmar Mendes, j. 20/03/2014, Pleno, DJ de 21-10-2014.Disponível em: http://redir.stf.jus.br/paginadorpub/paginador.jsp?docTP=AC&docID=630101 . Acesso em 26 de novembro de 2020.

controle incidental, são uma área limitada da jurisdição do Tribunal, havendo várias outras maneiras de se observar essa eficácia *erga omnes*. [26]

A partir disso, pode-se observar que a primeira modificação com a finalidade de se garantir a eficácia *erga omnes* das decisões do Supremo Tribunal Federal ocorreu a partir Emenda Constitucional 16 de 1965. Essa emenda estabeleceu que o sistema de controle de constitucionalidade por ação, no sistema concentrado, possui eficácia *erga omnes* e vinculante independente da intervenção do Senado. [27]

Além disso, a Constituição Federal de 1988 trouxe uma extrema valorização do sistema de controle concentrado, pois, conforme constante no voto-vista:

> Sob o regime da Constituição de 1988, o sistema de controle concentrado foi, como se sabe, acentuadamente valorizado e ampliado. Foi mantida a ação direta de inconstitucionalidade (ADI) e novos instrumentos foram agregados, nomeadamente a arguição de descumprimento de preceito fundamental (ADPF) e, a partir da EC 3/1993, a ação declaratória de constitucionalidade (ADC). São

---

[26] Supremo Tribunal Federal. **Rcl 4.335,** Rel. Min. Gilmar Mendes, j. 20/03/2014, Pleno, DJ de 21-10-2014.Disponível em: http://redir.stf.jus.br/paginadorpub/paginador.jsp?docTP=AC&docID=630101 . Acesso em 26 de novembro de 2020.

[27] Supremo Tribunal Federal. **Rcl 4.335,** Rel. Min. Gilmar Mendes, j. 20/03/2014, Pleno, DJ de 21-10-2014.Disponível em: http://redir.stf.jus.br/paginadorpub/paginador.jsp?docTP=AC&docID=630101 . Acesso em 26 de novembro de 2020.

ações caracterizadas pela sua natureza dúplice, a significar que as sentenças de mérito nelas proferidas, julgando procedente ou improcedente o pedido, têm aptidão para afirmar ou negar a legitimidade da norma questionada, além de natural eficácia erga omnes e efeito vinculante. É o que se depreende, relativamente à ADI e à ADC, dos artigos 26 e 28, parágrafo único, da Lei 9.868/1999, e, relativamente à ADPF, dos artigos 10, § 3º e 13 da Lei 9.882/1999.[28]

Ademais, a Emenda Constitucional 45 de 2004 expandiu a força vinculante das decisões do Supremo Tribunal Federal ao autorizar a edição de súmulas vinculantes, bem como ao trazer como requisito de admissibilidade do recurso extraordinário a demonstração da repercussão geral.

A leitura do voto-vista permite que se chegue à seguinte conclusão: a força expansiva das decisões do Supremo não decorre apenas de resolução do Senado. Trata-se, na verdade, de apenas umas das possíveis maneiras de se atribuir efeito erga omnes às decisões da Corte. [29]

---

[28] Supremo Tribunal Federal. **Rcl 4.335,** Rel. Min. Gilmar Mendes, j. 20/03/2014, Pleno, DJ de 21-10-2014.Disponível em: http://redir.stf.jus.br/paginadorpub/paginador.jsp?docTP=AC&docID=630101 . Acesso em 26 de novembro de 2020.
[29] Supremo Tribunal Federal. **Rcl 4.335,** Rel. Min. Gilmar Mendes, j. 20/03/2014, Pleno, DJ de 21-10-2014.Disponível em: http://redir.stf.jus.br/paginadorpub/paginador.jsp?docTP=AC&docID=630101 . Acesso em 26 de novembro de 2020.

Em razão disso, o Ministro Teori firmou seu entendimento no sentido de que a força expansiva das decisões proferidas pelo Supremo Tribunal Federal não é suficiente para garantir a eficácia *erga omnes* das decisões proferidas em controle difuso. Por isso, deve haver, segundo o Ministro, a devida observância do papel do Senado no controle incidental do Supremo Tribunal Federal.[30]

Segundo o Ministro, deve-se levar em conta, também, que a concessão de efeitos *erga omnes* a essas decisões resultaria na transformação da Corte Suprema em Corte executiva, suprimindo instâncias locais e atraindo competências próprias das instâncias ordinárias ao se criar dependência entre decisão com força expansiva e cabimento de reclamação.[31]

Por fim, naquele momento, oito Ministros se pronunciaram no sentido de não haver mutação do artigo 52, inciso X da Constituição Federal, mantendo o entendimento de que compete ao Senado Federal suspender as leis declaradas inconstitucionais em controle incidental. Além disso, entendeu-se que, naquele caso específico, o efeito vinculante decorreu da aplicação da Súmula Vinculante 26 de 2009 do Supremo Tribunal

---

[30] Supremo Tribunal Federal. **Rcl 4.335,** Rel. Min. Gilmar Mendes, j. 20/03/2014, Pleno, DJ de 21-10-2014.Disponível em: http://redir.stf.jus.br/paginadorpub/paginador.jsp?docTP=AC&docID=630101 . Acesso em 26 de novembro de 2020.

[31] Supremo Tribunal Federal. **Rcl 4.335,** Rel. Min. Gilmar Mendes, j. 20/03/2014, Pleno, DJ de 21-10-2014.Disponível em: http://redir.stf.jus.br/paginadorpub/paginador.jsp?docTP=AC&docID=630101 . Acesso em 26 de novembro de 2020.

Federal, que previa a possibilidade de progressão de regime do condenado por crime hediondo.

3. A FORÇA DO PRECEDENTE APÓS O CÓDIGO DE PROCESSO CIVIL DE 2015 E O JULGAMENTO DAS ADIS 3406/RJ E 3470/RJ

O Código de Processo Civil de 2015 representa a codificação do movimento de valorização do precedente no Brasil. Isso decorre do fato de que, de acordo com o artigo 926 do CPC/2015[32], os tribunais devem uniformizar sua jurisprudência e mantê-la estável, íntegra e coerente. Assim, há uma natural valorização das decisões proferidas pelos Tribunais a partir do próprio advento do Novo Código de Processo Civil.

Ademais, o artigo 927 do córtex traz uma série de decisões que deverão ser devidamente observadas pelos tribunais e juízes, veja-se:

> Art. 927. Os juízes e os tribunais observarão:
> I - as decisões do Supremo Tribunal Federal em controle concentrado de constitucionalidade;
> II - os enunciados de súmula vinculante;
> III - os acórdãos em incidente de assunção de competência ou de resolução de demandas repetitivas e em julgamento de recursos extraordinário e especial repetitivos;

---

[32] BRASIL. **Lei nº 13.105**, de 16 de março de 2015. Código de Processo Civil Disponível em:
<http://www.planalto.gov.br/ccivil_03/_ato2015-2018/2015/lei/l13105.htm>.
Acesso em: 26 de novembro de 2020.

> IV - os enunciados das súmulas do Supremo Tribunal Federal em matéria constitucional e do Superior Tribunal de Justiça em matéria infraconstitucional;
> V - a orientação do plenário ou do órgão especial aos quais estiverem vinculados.[33]

Pela leitura dos dispositivos supra transcritos, pode-se concluir que o Novo Código de Processo Civil, de maneira intencional, buscou solidificar a uniformização da jurisprudência, especialmente a fim de garantir que haja a observância do Princípio da Segurança Jurídica.[34]

Em suma, no que tange ao processo de valorização da jurisprudência no Brasil, o Ministro Luís Roberto Barroso conclui que este pode ser compreendido em três etapas distintas, quais sejam:

> i) o avanço do controle concentrado da constitucionalidade; ii) a valorização da jurisprudência por meio das normas infraconstitucionais que progressivamente alteraram o Código de Processo Civil de 1973 (CPC/1973); iii) a criação de um novo sistema de precedentes

---

[33] BRASIL. **Lei nº 13.105**, de 16 de março de 2015. Código de Processo Civil Disponível em:
<http://www.planalto.gov.br/ccivil_03/_ato2015-2018/2015/lei/l13105.htm>. Acesso em: 26 de novembro de 2020.
[34] SOUZA, André Pagani. **Valorização da jurisprudência no CPC de 2015.** Disponível em:
https://migalhas.uol.com.br/coluna/cpc-na-pratica/303838/valorizacao-da-jurisprudencia-no-cpc-de-2015. Acesso em 26 de novembro de 2020.

vinculantes no direito brasileiro, pelas normas integrantes da Lei nº 13.105/2015, nosso Novo Código de Processo Civil (CPC/2015).[35]

Toda a trajetória de valorização das decisões judicias foi arrematada no Código de Processo Civil, por isso a importância de sua análise no estudo dos precedentes judiciais. Deve-se trazer à tona, também, que o código trouxe novos institutos, os quais garantem a produção de efeitos vinculantes das decisões, quais sejam: o incidente de resolução de demandas repetitivas e a assunção de competência. [36]

Historicamente, deve-se ter o conhecimento de que a ideia de um direito decorrente de precedentes judiciais é própria de países que utilizam o Sistema *Common Law*. Já o Sistema do *Civil Law,* predominantemente adotado pelo

---

[35] BARROSO, Luís Roberto. **O controle de constitucionalidade no direito brasileiro**. 7. ed. Rio de Janeiro: Saraiva, 2015; MELLO, Patrícia Perrone Campos Mello. Precedentes: o desenvolvimento judicial do direito no constitucionalismo contemporâneo. Rio de Janeiro: Renovar, 2008, p. 11-60; MENDES, Aluisio Gonçalves de Castro. Precedentes e Jurisprudência: papel, fatores e perspectivas no Direito brasileiro contemporâneo. In: MENDES, Aluisio Gonçalves de Castro; MARINONI, Luiz Guilherme; WAMBIER, Teresa Arruda Alvim. Direito jurisprudencial. v. II. São Paulo: Revista dos Tribunais, 2014, p. 11-37. V., ainda, sobre o tema, os votos proferidos pelos Ministros Luís Roberto Barroso e Teori Zavascki no julgamento da Reclamação 4335 (Pleno, rel. Min. Gilmar Mendes, DJe, 20.10.201).
[36] MELLO, Patrícia Perrone Campos; BARROSO, Luís Roberto. **Trabalhando com uma Nova Lógica: A Ascensão Dos Precedentes no Direito Brasileiro**. Disponível em: <https://www.conjur.com.br/dl/artigo-trabalhando-logica-ascensao.pdf>. Acesso em 26 de novembro de 2020.

Brasil, é aquele em que há uma valorização do disposto no texto legal.

O *civil law* consolidou-se a partir do desenvolvimento de ideais decorrentes da Revolução Francesa. Esses ideais resultaram no preceito de separação estrita entre os poderes e da mera declaração judicial da lei. Por outro lado, o *common law,* diferentemente do sistema anterior, admite que a decisão judicial seja a fonte do próprio direito, ou seja, defende uma maior autonomia do Poder Judiciário.[37]

Diversos países que adotam o sistema do *civil law* têm adotado a cultura do *stare decisis.* Esse fenômeno ocorre não apenas em relação ao controle de constitucionalidade, mas também nas demais áreas de intervenção dos tribunais superiores. Ademais, depreende-se da leitura do inteiro teor da Reclamação 4335 do Supremo que as reformas ocorridas no Código de Processo Civil a partir de 1994 conferiram especial força aos precedentes judiciais. Portanto, o Brasil tem seguido a tendência de mesclar ambos os sistemas há quase trinta anos.[38]

---

[37] WESLEY-SMITH, Peter. **Theories of adjudication and the status of stare decisis, in Precedent in Law.** Oxford: Clarendon Press, 1987, p.73 e ss. apud MARINONI, Luiz Guilherme. Aproximação crítica entre as jurisdições de civil law e de common law e a necessidade de respeito aos precedentes no Brasil. Revista da Faculdade de Direito - UFPR, Curitiba, n.49, p. 11-58, 2009.
[38] Supremo Tribunal Federal. **Rcl 4.335,** Rel. Min. Gilmar Mendes, j. 20/03/2014, Pleno, DJ de 21-10-2014.Disponível em: http://redir.stf.jus.br/paginadorpub/paginador.jsp?docTP=AC&docID=630101 . Acesso em 26 de novembro de 2020.

Há dois conceitos essenciais para que se possa compreender o sistema dos precedentes judiciais: a *ratio decidendi* e o *obiter dictum*. A *ratio decidendi* pode ser conceituada como "a norma extraída do caso concreto" pois, diante de todos os elementos de uma decisão (relatório, fundamentação e conclusão), esta é o comando que vinculará a solução de casos semelhantes, ou seja, o fundamento em si. O *obiter dictum*, por sua vez, trata-se da mera manifestação lateral, ou seja, questões que, embora relevantes para a decisão, não integram o fundamento jurídico deste.[39]

A principal justificativa para a valorização das decisões judiciais é o Princípio da Segurança Jurídica. Para que haja uma segurança jurídica efetiva, deve haver uma compreensão da Teoria dos Precedentes pelos juristas brasileiros. Ou seja, deve haver a devida observância do direito decorrente das decisões judiciais, sobretudo daquele decorrente da interpretação constitucional realizada pelo Supremo Tribunal Federal. Assim, o juiz, nesse novo sistema que valoriza o *stare decisis*, não é um mero servo do legislativo, conforme ressalta Luiz Guilherme Marinoni:

---

[39] MELLO, Patrícia Perrone Campos; BAQUEIRO, P. **A . Distinção inconsistente e superação de precedentes no Supremo Tribunal Federal**. Revista Brasileira de Políticas Públicas, v. 8, p. 668-688, 2018. Disponível em: <https://www.publicacoesacademicas.uniceub.br/RBPP/article/view/4615/350 1>. Acesso em 05 de janeiro de 2021.

> A dificuldade em ver o papel do juiz sob o neoconstitucionalismo impede que se perceba que a tarefa do juiz do civil law, na atualidade, está muito próxima da exercida pelo juiz do common law. Ora, é exatamente a cegueira para a aproximação das jurisdições destes sistemas que não permite enxergar a relevância de um sistema de precedentes no civil law. [40]

A partir dessa crescente valorização das decisões decorrentes dos Tribunais, especialmente as do Supremo Tribunal Federal em relação à interpretação do texto constitucional, deve ser destacada a importância do estudo da Teoria dos Precedentes para a compreensão do posicionamento adotado pelos Ministros da Corte no julgamento das ADIs 3406/RJ e 3470/RJ. Isso porque a conclusão adotada no julgamento foi fortemente influenciada por esse contexto de observância das decisões judiciais trazido pelo CPC.

Nessas ações diretas de inconstitucionalidade, ajuizadas pela Confederação Nacional dos Trabalhadores da Indústria, impugnou-se a Lei nº 3.579/2001 do Estado do Rio de Janeiro que tratava da substituição progressiva da produção e comercialização de produtos que contenham asbesto.[41]

---

[40] MARINONI, Luiz Guilherme. **Aproximação crítica entre as jurisdições de civil law e de common law e a necessidade de respeito aos precedentes no Brasil.** Revista da Faculdade de Direito - UFPR, Curitiba, n.49, p. 40, 2009

[41] Supremo Tribunal Federal. **ADI 3470,** Rel. Min. Rosa Weber, j. 29/11/2017, Pleno, DJ de 31-01-2019.Disponível em:

O autor da ação alegou que a Lei seria desproporcional e que invadia a competência de elaboração de normas gerais da União, já que a Lei Federal que tratava do assunto era mais permissiva quanto ao uso da substância do que a Lei Estadual. O Supremo Tribunal Federal não concordou com o autor da ADI e julgou improcedente o pedido, firmando o entendimento de que a Lei estadual nº 3.579/2001 é constitucional.[42] Como a declaração de constitucionalidade da Lei do Rio de Janeiro ocorreu em sede de controle abstrato de constitucionalidade, não há qualquer dúvida de que os efeitos dessa decisão são *erga omnes.*

Ocorre que, no mesmo julgamento, durante os debates para julgar a ação, o Supremo Tribunal Federal entendeu que o art. 2º da Lei federal nº 9.055/95 era inconstitucional. Diferentemente da Lei Estadual do Rio de Janeiro, o art. 2º da Lei federal nº 9.055/95 não era objeto da ação.[43] Com isso, a declaração de inconstitucionalidade do art. 2º da Lei federal nº 9.055/95 ocorreu de forma incidental. Dito isso, seus efeitos seriam, em regra, *inter partes* e não vinculantes, até que o

---

<http://redir.stf.jus.br/paginadorpub/paginador.jsp?docTP=TP&docID=74902 0501>. Acesso em 27 de novembro de 2020.

[42] Supremo Tribunal Federal. **ADI 3470,** Rel. Min. Rosa Weber, j. 29/11/2017, Pleno, DJ de 31-01-2019.Disponível em:
<http://redir.stf.jus.br/paginadorpub/paginador.jsp?docTP=TP&docID=74902 0501>. Acesso em 27 de novembro de 2020.

[43] Supremo Tribunal Federal. **ADI 3470,** Rel. Min. Rosa Weber, j. 29/11/2017, Pleno, DJ de 31-01-2019.Disponível em:
<http://redir.stf.jus.br/paginadorpub/paginador.jsp?docTP=TP&docID=74902 0501>. Acesso em 27 de novembro de 2020.

Senado se manifestasse sobre a suspensão da lei e atribuísse efeito *erga omnes* à decisão.

Contudo, no caso do julgamento dessas Ações Diretas de Inconstitucionalidade, o Plenário decidiu pela concessão de eficácia *erga omnes* ao controle incidental realizado, reacendendo a discussão sobre a abstrativização dos efeitos decorrentes do controle incidental. Veja a ementa:

> EMENTA AÇÃO DIRETA DE INCONSTITUCIONALIDADE. LEI Nº 3.579/2001 DO ESTADO DO RIO DE JANEIRO. SUBSTITUIÇÃO PROGRESSIVA DA PRODUÇÃO E DA COMERCIALIZAÇÃO DE PRODUTOS CONTENDO ASBESTO/AMIANTO. LEGITIMIDADE ATIVA AD CAUSAM. PERTINÊNCIA TEMÁTICA. ART. 103, IX, DA CONSTITUIÇÃO DA REPÚBLICA. ALEGAÇÃO DE INCONSTITUCIONALIDADE FORMAL POR USURPAÇÃO DA COMPETÊNCIA DA UNIÃO. INOCORRÊNCIA. COMPETÊNCIA LEGISLATIVA CONCORRENTE. ART. 24, V, VI E XII, E §§ 1º A 4º, DA CONSTITUIÇÃO DA REPÚBLICA. CONVENÇÕES Nºs 139 E 162 DA OIT. CONVENÇÃO DE BASILEIA SOBRE O CONTROLE DE MOVIMENTOS TRANSFRONTEIRIÇOS DE RESÍDUOS PERIGOSOS E SEU DEPÓSITO. REGIMES PROTETIVOS DE DIREITOS FUNDAMENTAIS. INOBSERVÂNCIA. ART. 2º DA LEI Nº 9.055/1995. PROTEÇÃO INSUFICIENTE. ARTS. 6º, 7º, XXII, 196 E 225 DA CONSTITUIÇÃO DA REPÚBLICA. CONSTITUCIONALIDADE MATERIAL DA LEI

FLUMINENSE Nº 3.579/2001. IMPROCEDÊNCIA. DECLARAÇÃO INCIDENTAL DE INCONSTITUCIONALIDADE DO ART. 2º DA LEI Nº 9.055/1995. EFEITO VINCULANTE E ERGA OMNES. 1. Legitimidade ativa ad causam da Confederação Nacional dos Trabalhadores na Indústria - CNTI (art. 103, IX, da Constituição da República). Reconhecimento da pertinência temática com o objeto da demanda, em se tratando de confederação sindical representativa, em âmbito nacional, dos interesses dos trabalhadores atuantes em diversas etapas da cadeia produtiva do amianto. 2. Alegação de inconstitucionalidade formal por usurpação da competência da União. Competência legislativa concorrente (art. 24, V, VI e XII, e §§ 1º a 4º, da CF). A Lei n° 3.579/2001, do Rio de Janeiro, que dispõe sobre a progressiva substituição da produção e do uso do asbesto/amianto no âmbito do Estado, veicula normas incidentes sobre produção e consumo, proteção do meio ambiente, controle da poluição e proteção e defesa da saúde, matérias a respeito das quais, a teor do art. 24, V, VI e XII, da CF, compete à União, aos Estados e ao Distrito Federal legislar concorrentemente. 3. No modelo federativo brasileiro, estabelecidas pela União as normas gerais para disciplinar a extração, a industrialização, a utilização, a comercialização e o transporte do amianto e dos produtos que o contêm, aos Estados compete, além da supressão de eventuais lacunas, a previsão de normas destinadas a complementar a norma geral e a atender as peculiaridades locais, respeitados os critérios da preponderância do interesse local, do exaurimento dos efeitos dentro dos respectivos limites territoriais e da vedação da proteção insuficiente. Ao assegurar nível mínimo de proteção a ser necessariamente observado em todos os Estados da Federação, a Lei nº 9.055/1995, na condição de norma geral, não se impõe como obstáculo à maximização dessa proteção pelos Estados, ausente eficácia preemptiva da sua atuação legislativa, no exercício da competência concorrente. A Lei nº 3.579/2001 do Estado do Rio de Janeiro não excede dos limites da competência concorrente suplementar dos Estados, consentânea a proibição progressiva nela encartada com a diretriz norteadora da Lei nº 9.055/1995 (norma geral), inocorrente afronta ao art. 24, V, VI e XII, e §§ 2º, 3º e 4º, da CF. 4. Alegação de inconstitucionalidade formal dos arts. 7º e 8º da Lei nº 3.579/2001 do Estado do Rio de Janeiro por usurpação da competência privativa da União (arts. 21, XXIV, e 22, I e VIII, da CF). A despeito da nomenclatura, preceito normativo estadual definidor de limites de tolerância à exposição a fibras de amianto no ambiente de trabalho não expressa norma trabalhista em sentido estrito, e sim norma de proteção do meio ambiente (no que abrange o meio ambiente do trabalho), controle de poluição e proteção e defesa da saúde (art. 24, VIII e XII, da Lei Maior), inocorrente ofensa aos arts. 21, XXIV, e 22, I, da Constituição da República. A disciplina da rotulagem de produto quando no território do Estado não configura legislação sobre comércio interestadual, incólume o art. 22, VIII, da CF. 5. Alegação de inconstitucionalidade formal do art. 7º,

XII, XIII e XIV, da Lei nº 3.579/2001 do Estado do Rio de Janeiro, por vício de iniciativa (art. 84, II e VI, "a", da CF). Não se expõe ao controle de constitucionalidade em sede abstrata preceito normativo cujos efeitos já se exauriram. 6. À mesma conclusão de ausência de inconstitucionalidade formal conduz o entendimento de que inconstitucional, e em consequência nulo e ineficaz, o art. 2º da Lei nº 9.055/1995, a atrair por si só a incidência do art. 24, § 3º, da Lei Maior, segundo o qual "inexistindo lei federal sobre normas gerais, os Estados exercerão a competência legislativa plena". Afastada, também por esse fundamento, a invocada afronta ao art. 24, V, VI e XII, e §§ 1º a 4º, da CF. 7. Constitucionalidade material da Lei fluminense nº 3.579/2001. À luz do conhecimento científico acumulado sobre a extensão dos efeitos nocivos do amianto para a saúde e o meio ambiente e à evidência da ineficácia das medidas de controle nela contempladas, a tolerância ao uso do amianto crisotila, tal como positivada no art. 2º da Lei nº 9.055/1995, não protege adequada e suficientemente os direitos fundamentais à saúde e ao meio ambiente equilibrado (arts. 6º, 7º, XXII, 196, e 225 da CF), tampouco se alinha aos compromissos internacionais de caráter supralegal assumidos pelo Brasil e que moldaram o conteúdo desses direitos, especialmente as Convenções nºs 139 e 162 da OIT e a Convenção de Basileia. Inconstitucionalidade da proteção insuficiente. Validade das iniciativas legislativas relativas à sua regulação, em qualquer nível federativo, ainda que resultem no banimento

de todo e qualquer uso do amianto. 8. **Ação direta de inconstitucionalidade julgada improcedente, com declaração incidental de inconstitucionalidade do art. 2º da Lei nº 9.055/1995 a que se atribui efeitos vinculante e erga omnes.**
(ADI 3470, Relator(a): ROSA WEBER, Tribunal Pleno, julgado em 29/11/2017, PROCESSO ELETRÔNICO DJe-019 DIVULG 31-01-2019 PUBLIC 01-02-2019)[44]

Os membros da Corte, portanto, entenderam que teria ocorrido a mutação constitucional do art. 52, inciso X da Constituição Federal, reduzindo o papel do Senado Federal, quando do Controle Incidental realizado pelo Supremo Tribunal Federal, para apenas dar publicidade a essas decisões.

Diante de todo o exposto, pode-se concluir que o reconhecimento da valorização dos precedentes judiciais, especialmente após o Novo Código de Processo Civil, é imprescindível para compreensão da evolução do entendimento de que os efeitos *erga omnes* e vinculantes decorrem da própria decisão do Supremo no controle incidental.

Para se reconhecer o papel do Novo Código de Processo Civil nesse caso, basta que se observe o

---

[44] Supremo Tribunal Federal. **ADI 3470,** Rel. Min. Rosa Weber, j. 29/11/2017, Pleno, DJ de 31-01-2019.Disponível em: <http://redir.stf.jus.br/paginadorpub/paginador.jsp?docTP=TP&docID=74902 0501>. Acesso em 27 de novembro de 2020.

seguinte: na Reclamação 4335, os ministros entenderam que não haveria a mutação do artigo 52 da Constituição Federal; contudo, já no julgamento da ADI 3470, os ministros encontraram força jurídica para entender que a atuação do Supremo Tribunal Federal, nos controles incidentais, seria suficiente para garantir a eficácia *erga omnes*, reconhecendo a mutação constitucional.

No julgamento do caso do amianto, o novo código foi citado diversas vezes. Inclusive, o próprio Ministro Gilmar Mendes pontuou que a força do precedente que o CPC quer trazer, na verdade, é abrangente, afastando a diferença que havia entre o controle incidental e o controle principal.

Ou seja, assumiu-se que o Córtex influenciou a conclusão adotada e que isso ocorre pois há, sobretudo, uma força expansiva e persuasiva de replicação do entendimento fixado nas decisões judiciais aos demais processos que possuam os mesmos fundamentos, especialmente as decorrentes do Supremo Tribunal Federal.[45]

---

[45] JOOS, Allan. **A transcendência dos efeitos das declarações de inconstitucionalidade em controle concreto: a teoria da abstrativização do controle difuso.** Disponível em: https://jus.com.br/artigos/52143/a-transcendencia-dos-efeitos-das-declaracoes-de-inconstitucionalidade-em-controle-concreto-a-teoria-da-abstrativizacao-do-controle-difuso. Acesso em 27 de nov de 2020.

4. A VINCULAÇÃO DO JUIZ DE PRIMEIRA INSTÂNCIA À DECISÃO INCIDENTAL DE INCONSTITUCIONALIDADE DO SUPREMO TRIBUNAL FEDERAL

A partir da abstrativização do controle incidental realizado pelo Supremo Tribunal Federal, surge a questão referente à vinculação dos juízes de direito de primeiro grau à decisão proferida nessa espécie de controle. Com essa questão da vinculação, surge a problemática de cabimento da reclamação constitucional para garantir a autoridade das decisões emanadas pela Corte.

O Código de Processo Civil, a partir da imposição da obrigação aos juízes e tribunais de decidir de acordo com os entendimentos previamente firmados por tais tribunais superiores, conferiu a estes eficácia de *precedente vinculante em sentido forte*. Essa expressão aduz o seguinte:

> De fato, com a expressão precedente vinculante em sentido forte, pretende-se aludir, neste trabalho, aos julgados que firmaram teses cujo descumprimento pode ser repelido por meio de reclamação. É que, em um ambiente judicial que resiste a aderir voluntariamente aos entendimentos firmados pelos tribunais superiores, como é o caso do ambiente brasileiro, a efetividade da força normativa de um julgado depende de um

mecanismo próprio para impor seu cumprimento. Em outros ordenamentos, tal como ocorre nos países do common law, o respeito aos *binding precedents* constitui elemento essencial do sistema: os entendimentos firmados pelos tribunais superiores são razoavelmente observados e é possível chamar de precedente vinculante todo e qualquer julgado por eles proferido, ainda que não haja um instrumento específico destinado a cassar decisões dissonantes. Essa não é, contudo, a nossa realidade e por isso optou-se pela nomenclatura antes aludida.[46]

Dito isso, como o sistema do *common law* não é o predominante no Brasil, não se pode afirmar que todo e qualquer julgado proferido contra uma orientação previamente firmada pelo STF pode ser objeto de reclamação. Assim, apenas os *precedentes vinculantes em sentido forte* podem ser objeto de reclamação.[47]

Ocorre que, antes do Código de Processo Civil de 2015, apenas as súmulas vinculantes e as decisões

---

[46] MELLO, Patrícia Perrone Campos; BAQUEIRO, P. **A . Distinção inconsistente e superação de precedentes no Supremo Tribunal Federal**. Revista Brasileira de Políticas Públicas, v. 8, p. 668-688, 2018. Disponível em:
<https://www.publicacoesacademicas.uniceub.br/RBPP/article/view/4615/3501>. Acesso em 05 de janeiro de 2021.
[47] MELLO, Patrícia Perrone Campos; BAQUEIRO, P. **A . Distinção inconsistente e superação de precedentes no Supremo Tribunal Federal.** Revista Brasileira de Políticas Públicas, v. 8, p. 668-688, 2018. Disponível em:
<https://www.publicacoesacademicas.uniceub.br/RBPP/article/view/4615/3501>. Acesso em 05 de janeiro de 2021.

proferidas pelo Supremo Tribunal Federal em controle concentrado poderiam ser enquadradas nesse conceito de *precedentes vinculantes em sentido forte*. Com o novo código, os julgados proferidos em sede de recurso extraordinário com repercussão geral e em recurso especial repetitivo passaram, expressamente, a ter eficácia vinculante.[48]

Ademais, a partir do caso do amianto, pode-se observar uma tendência da Corte em conferir eficácia *erga omnes* e vinculante inclusive aos julgados proferidos em sede de controle difuso, independentemente da atuação do Senado Federal.

Pela leitura dos votos no julgamento do caso do amianto, pode-se concluir que a mutação constitucional resultou no fim da diferenciação do controle incidental e principal realizado pelo Supremo. Inclusive, o Ministro Luiz Fux aduz que qualquer controle realizado é suficiente para impedir que sentenças inconstitucionais sejam mantidas no ordenamento jurídico. Veja-se:

> Não há mais diferença entre controle incidental e controle principal. O Código, inclusive, agora, por exemplo, na fase de execução, quando se quer alegar que a sentença é objeto do cumprimento, ou

---

[48] MELLO, Patrícia Perrone Campos; BAQUEIRO, P. **A . Distinção inconsistente e superação de precedentes no Supremo Tribunal Federal.** Revista Brasileira de Políticas Públicas, v. 8, p. 668-688, 2018. Disponível em: <https://www.publicacoesacademicas.uniceub.br/RBPP/article/view/4615/3501>. Acesso em 05 de janeiro de 2021.

da execução antiga, que se baseou em lei inconstitucional, diz que a lei pode ter sido considerada inconstitucional em controle concentrado ou em controle incidental. Qualquer um dos controles é suficiente para que a parte possa se escusar de cumprir uma sentença inconstitucional.[49]

Dito isso, a conclusão é de que toda a evolução jurisprudencial, no Brasil, foi no sentido de haver a superação da necessidade de manifestação do Senado Federal para que seja concedida eficácia plena em todo o território nacional.[50]

Com isso, não restam dúvidas de que essas decisões vinculam, sim, os juízes de direito. Contudo, essa vinculação deve ser feita de maneira extremamente racional, uma vez que poderá resultar na transformação do Supremo Tribunal Federal em uma Corte Executiva, caracterizando acessos *per saltum* a essa a partir da supressão de instância.[51]

---

[49] Supremo Tribunal Federal. **ADI 3470,** Rel. Min. Rosa Weber, j. 29/11/2017, Pleno, DJ de 31-01-2019.Disponível em:
<http://redir.stf.jus.br/paginadorpub/paginador.jsp?docTP=TP&docID=74902 0501>. Acesso em 27 de novembro de 2020.

[50] Supremo Tribunal Federal. **ADI 3470,** Rel. Min. Rosa Weber, j. 29/11/2017, Pleno, DJ de 31-01-2019.Disponível em:
<http://redir.stf.jus.br/paginadorpub/paginador.jsp?docTP=TP&docID=74902 0501>. Acesso em 27 de novembro de 2020.

[51] Supremo Tribunal Federal. **Rcl 4.335,** Rel. Min. Gilmar Mendes, j. 20/03/2014, Pleno, DJ de 21-10-2014.Disponível em:
http://redir.stf.jus.br/paginadorpub/paginador.jsp?docTP=AC&docID=630101 . Acesso em 26 de novembro de 2020.

Em relação a essa problemática, a Doutora Patrícia Perrone aduz que as reclamações, a partir do Novo Código de Processo Civil, tiveram seu uso ampliado, ao haver mais hipóteses de cabimento previstas. Contudo, sua ampliação pode atulhar o Supremo e acabar deturpando a própria função da Corte.[52]

Para tanto, segue conclusão adotada pela autora Patrícia Perrone no que tange à relação entre o uso da reclamação constitucional e o aumento das decisões vinculativas da Corte Suprema:

> O STF precisará, por isso, buscar mecanismos para fazer um uso racional deste instrumento. Entre estes mecanismos inclui-se um cuidado redobrado da Corte na formulação da tese que vinculará os casos futuros. A decisão acerca do nível de generalidade deve ter em perspectiva não apenas o entendimento jurídico que serviu de base para a decisão, mas igualmente os efeitos que gerará sobre a efetividade e sobre a viabilidade da própria jurisdição da Corte. Na dúvida, uma tese mais restritiva evita o excesso de reclamações; e nada impede que, percebido o impacto inicial do precedente, seu escopo venha a ser progressivamente ampliado pelo julgamento de

---

[52] MELLO, Patrícia Perrone Campos; BARROSO, Luís Roberto. **Trabalhando com uma Nova Lógica: A Ascensão Dos Precedentes no Direito Brasileiro**. Disponível em: <https://www.conjur.com.br/dl/artigo-trabalhando-logica-ascensao.pdf>. Acesso em 27 de novembro de 2020

novos casos, um modus operandi que é a essência do judge made law.[53]

Por isso, tendo havido a evolução da jurisprudência no sentido de que as decisões proferidas em sede de controle incidental tornam-se vinculantes independentemente da atuação do Senado, o Supremo Tribunal Federal deve buscar mecanismos para garantir que esse novo instrumento não cause o afastamento de sua função constitucional.

Se não houver esse desenvolvimento de mecanismos com o fim de resguardar a sua função constitucional, o Supremo se tornará uma Corte cuja única função é a de julgar a imensa quantidade de reclamações constitucionais ajuizadas em face das decisões decorrentes de instâncias inferiores.

---

[53] MELLO, Patrícia Perrone Campos; BARROSO, Luís Roberto. **Trabalhando com uma Nova Lógica: A Ascensão Dos Precedentes no Direito Brasileiro.** Disponível em:
<https://www.conjur.com.br/dl/artigo-trabalhando-logica-ascensao.pdf>.
Acesso em 27 de novembro de 2020

CONCLUSÃO

Este trabalho pretendeu, por meio do estudo do desenvolvimento da Teoria da Abstrativização do Controle Incidental realizado pelo Supremo Tribunal Federal, analisar como a introdução do Novo Código de Processo Civil no ordenamento jurídico brasileiro influenciou à evolução da concessão de efeitos *erga omnes* às decisões da Corte Suprema.

O precedente, no Brasil, ainda é distinto daquele utilizado no sistema do *common law*. Com isso, deve haver um tratamento diferenciado desse precedente, de acordo com as suas peculiaridades. Júlio César Rossi traz em seu livro 'Precedente Judicial à Brasileira' que:

> Os precedentes brasileiros são *sui generis*, pois a forma de sua criação e elaboração não os aproxima nem dos precedentes do Common Law, nem jurisprudência romana, porque prescindem de uma necessária reiteração de julgados no mesmo sentido.[54]

Apesar de o texto constitucional prever, expressamente, em seu artigo 52, inciso X, que o Senado Federal tem a competência de suspender a execução, no

---

[54] ROSSI, Júlio César. **Precedente à brasileira: a jurisprudência vinculante no CPC e no Novo CPC.** São Paulo: Atlas, 2015, p. 164.

todo ou em parte, de lei declarada inconstitucional por decisão definitiva do Supremo Tribunal Federal em controle incidental, pode-se considerar que, especialmente após o julgamento do caso do Amianto, houve a mutação na interpretação dessa previsão.

De fato, o precedente tem sido reconhecido como uma forte fonte de direito. Contudo, o magistrado, especialmente o Supremo Tribunal Federal, deve desenvolver suas teses a fim de evitar qualquer excesso de reclamações, tratando-as de maneira restritiva.[55] Ou seja, a ideia do desenvolvimento de uma força obrigatória dos precedentes não outorga ao Poder Judiciário o poder de criação do Direito sem a observância de qualquer limite.[56]

Ademais, o Novo Código de Processo Civil foi extremamente importante no sentido de fazer com que houvesse reconhecimento do papel das decisões judiciais como fonte de direito. Ainda que já houvesse uma tendência de valorização das decisões judiciais, com o

---

[55] MELLO, Patrícia Perrone Campos; BARROSO, Luís Roberto. **Trabalhando com uma Nova Lógica: A Ascensão Dos Precedentes no Direito Brasileiro**. Disponível em:
<https://www.conjur.com.br/dl/artigo-trabalhando-logica-ascensao.pdf>.
Acesso em 27 de novembro de 2020.
[56] MARINONI, Luiz Guilherme. **Aproximação crítica entre as jurisdições de civil law e de common law e a necessidade de respeito aos precedentes no Brasil.** Revista da Faculdade de Direito - UFPR, Curitiba, n.497, p. 19, 2009.

código houve a criação de um sistema de precedentes vinculantes de maior amplitude e alcance no País.[57]

Não se pode deixar de levar em conta, também, que a Emenda Constitucional 16 de 1965 foi a primeira modificação no sentido de garantir a eficácia *erga omnes* às decisões do Supremo Tribunal Federal, uma vez que se estabeleceu que o sistema de controle de constitucionalidade por ação, no sistema concentrado, possui eficácia vinculante independente da intervenção do Senado. [58]

A própria Constituição Federal de 1988 trouxe uma extrema valorização do sistema de controle concentrado, pois trouxe novos instrumentos de controle, como a Arguição de Descumprimento de Preceito Fundamental, por exemplo. Além disso, a Emenda Constitucional 45 de 2004 expandiu a força vinculante das decisões do Supremo Tribunal Federal ao autorizar a edição de súmulas vinculantes e ao trazer como requisito de admissibilidade do recurso extraordinário a demonstração da repercussão geral. [59]

---

[57] MELLO, Patrícia Perrone Campos; BARROSO, Luís Roberto. **Trabalhando com uma Nova Lógica: A Ascensão Dos Precedentes no Direito Brasileiro**. Disponível em:
<https://www.conjur.com.br/dl/artigo-trabalhando-logica-ascensao.pdf>.
Acesso em 27 de novembro de 2020
[58] Supremo Tribunal Federal. **Rcl 4.335,** Rel. Min. Gilmar Mendes, j. 20/03/2014, Pleno, DJ de 21-10-2014.Disponível em:
http://redir.stf.jus.br/paginadorpub/paginador.jsp?docTP=AC&docID=630101
. Acesso em 26 de novembro de 2020.
[59] Supremo Tribunal Federal. **Rcl 4.335,** Rel. Min. Gilmar Mendes, j. 20/03/2014, Pleno, DJ de 21-10-2014.Disponível em:

Diante de todo o exposto, pode-se concluir que a mutação constitucional decorrente do julgamento das Ações de Controle no Caso do Amianto decorre de toda uma evolução jurisprudencial e legal que o Brasil sofreu nos últimos anos.

O arremate para que a Corte Suprema tivesse força para reconhecer a mutação constitucional sofrida pelo artigo do texto constitucional decorreu da valorização do precedente, sobretudo após o Código de Processo Civil de 2015, que solidificou a força expansiva das decisões judiciais, bem como resultou no afastamento da diferença que havia entre o controle incidental e o controle principal realizado pelo Supremo Tribunal Federal.

---

http://redir.stf.jus.br/paginadorpub/paginador.jsp?docTP=AC&docID=630101 . Acesso em 26 de novembro de 2020.

REFERÊNCIAS

BARROSO, Luís Roberto. **O Controle de Constitucionalidade no Direito Brasileiro: Exposição Sistemática da Doutrina e Análise Crítica da Jurisprudência.** São Paulo: Editora Saraiva, 2012.

________. Luís Roberto. **O controle de constitucionalidade no direito brasileiro**. 7. ed. Rio de Janeiro: Saraiva, 2015; MELLO, Patrícia Perrone Campos Mello. Precedentes: o desenvolvimento judicial do direito no constitucionalismo contemporâneo. Rio de Janeiro: Renovar, 2008, p. 11-60;

BRASIL. Constituição (1998). **Constituição da República Federativa do Brasil:** promulgada em 5 de outubro de 1998. Disponível em: <http://www.planalto.gov.br/ccivil_03/constituicao/constituicao compilado.htm.>. Acesso em 03 de nov de 2020.

________. Lei nº 13.105, de 16 de março de 2015. Código de Processo Civil Disponível em: <http://www.planalto.gov.br/ccivil_03/_ato2015-2018/2015/lei/l13105.htm>. Acesso em: 26 de novembro de 2020.

JOOS, Allan. **A trascendência dos efeitos das declarações de inconstitucionalidade em controle concreto: a teoria da abstrativização do controle difuso.** Disponível em: <https://jus.com.br/artigos/52143/a-transcendencia-dos-efeitos-das-declaracoes-de-inconstitucionalidade-em-controle-concreto-a-teoria-da-abstrativizacao-do-controle-difuso. Acesso em 27 de nov de 2020>.

MARINONI, Luiz Guilherme. **Aproximação crítica entre as jurisdições de civil law e de common law e a necessidade de respeito aos precedentes no Brasil**. Revista da Faculdade de Direito - UFPR, Curitiba, n.49, 2009.

MELLO, Patrícia Perrone Campos; BARROSO, Luís Roberto. **Trabalhando com uma Nova Lógica: A Ascensão Dos Precedentes no Direito Brasileiro**. Disponível em: <https://www.conjur.com.br/dl/artigo-trabalhando-logica-ascensao.pdf>. Acesso em 26 de novembro de 2020.

________; BAQUEIRO, P. A . Distinção inconsistente e superação de precedentes no Supremo Tribunal Federal. Revista Brasileira de Políticas Públicas, v. 8, p. 668-688, 2018. Disponível em: <https://www.publicacoesacademicas.uniceub.br/RBPP/article/view/4615/3501>. Acesso em 05 de janeiro de 2021.

MENDES, Aluisio Gonçalves de Castro. **Precedentes e Jurisprudência: papel, fatores e perspectivas no Direito brasileiro contemporâneo.** In: MENDES, Aluisio Gonçalves de Castro; MARINONI, Luiz Guilherme; WAMBIER, Teresa Arruda Alvim. Direito jurisprudencial. v. II. São Paulo: Revista dos Tribunais, 2014, p. 11-37.

MENDES, Gilmar Ferreira; BRANCO, Paulo Gustavo Gonet. **Curso de Direito Constitucional.** 11. ed. São Paulo: Saraiva, 2016.

________. **Moreira Alves e o Controle de Constitucionalidade no Brasil**. São Paulo: Editora Celso Bastos, 2000.

ROSSI, Júlio César. **Precedente à brasileira: a jurisprudência vinculante no CPC e no Novo CPC.** São Paulo: Atlas, 2015, p. 164.

SOUZA, André Pagani. **Valorização da jurisprudência no CPC de 2015.** Disponível em: https://migalhas.uol.com.br/coluna/cpc-na-pratica/303838/valorizacao-da-jurisprudencia-no-cpc-de-2015. Acesso em 26 de novembro de 2020.

SUPREMO TRIBUNAL FEDERAL. **Rcl 4.335,** Rel. Min. Gilmar Mendes, j. 20/03/2014, Pleno, DJ de 21-10-2014.Disponível em: http://redir.stf.jus.br/paginadorpub/paginador.jsp?docTP=AC&docID=630101. Acesso em 26 de novembro de 2020.

__________. **ADI 3470,** Rel. Min. Rosa Weber, j. 29/11/2017, Pleno, DJ de 31-01-2019.Disponível em: <http://redir.stf.jus.br/paginadorpub/paginador.jsp?docTP=TP&docID=749020501>. Acesso em 27 de novembro de 2020.

WESLEY-SMITH, Peter. **Theories of adjudication and the status of stare decisis, in Precedent in Law**. Oxford: Clarendon Press, 1987, p.73 e ss. apud MARINONI, Luiz Guilherme. Aproximação crítica entre as jurisdições de civil law e de common law e a necessidade de respeito aos precedentes no Brasil. Revista da Faculdade de Direito - UFPR, Curitiba, n.49, p. 11-58, 2009.